DJIAN / VORO

Tard dans la Nuit

2 · MÉNAGE DE PRINTEMPS

COULEUR
J. CHARRANCE

VENTS D'OUEST

"Cet article, écrit à l'époque du récit qui va suivre, permet de bien souligner le contexte historique d'alors."
Les auteurs

Rapport sur une tragédie sociale.

Par N. Bouchard

C'est une histoire bien ténébreuse que vit notre pays, ami lecteur. Nous sommes en 1945, au Canada, un pays "évolué" ! Je prends la parole ce matin, peut-être pour la dernière fois en tant que journaliste, pour dénoncer ce dont mes confrères de la presse écrite, sans doute menacés par leur hiérarchie, ne parlent jamais : Cette tragédie légale frappée du sceau de l'église et de l'état!

Cette tragédie qui, sous couvert de charité publique, fait redescendre au moyen âge des milliers d'enfants dont la terrible faute est d'être nés en dehors des liens du mariage. Mais puisque nous sommes dans un journal libre, appelons-les comme le peuple commence à les surnommer en l'honneur de notre cher Premier ministre, "les orphelins de Duplessis".

De nos jours, quand les pères fuient leurs responsabilités, les futures filles mères, honteuses et sans ressource, n'ont d'autre choix que d'aller frapper aux portes des églises. La mère célibataire n'a alors droit à aucune allocation, et cela afin de dissuader toute envie de concubinage. Elle est souvent contrainte, soit d'abandonner son enfant, soit de payer sa dette en accomplissant les travaux domestiques de la crèche. On considère qu'elle et le père ont transgressé des prescriptions sociales bien établies. Elle et l'enfant doivent donc en payer le prix.

Les institutions pour jeunes filles, sur le principe des écoles de réforme, incarcèrent et punissent à la fois pour l'expiation de leur faute, et pour l'apprentissage d'un nouveau mode de vie. Et l'état, cher lecteur; Oui notre état est sur la même longueur d'onde que le clergé : l'exercice de la sexualité ne doit avoir qu'un but, la maternité !

On prend alors appui sur la science. Et les médecins eux-mêmes valident ces thèses. Même violée, une femme est considérée comme une débauchée ! La dépravation, surtout associée aux classes pauvres, condamne les mères à une vie ratée, et les enfants naturels sont particulièrement exposés à la folie. Il est sous-entendu, en fait, que les parents d'un enfant naturel sont souvent anormaux. La femme qui a péché, l'a fait parce qu'elle est ignorante, têtue ou simple d'esprit. Et "on" s'arrange pour rendre ces pauvres filles conformes aux thèses qu' "on" développe. Et puis le temps passe et comme ces femmes finissent par le faire de leur enfant ou bien d'elles-mêmes, on les oublie.

Dans la spirale de ce contexte, l'enfant du péché est, le plus rarement adopté, et le plus souvent envoyé dans une communauté religieuse. Cette expression regroupe des crèches, des orphelinats spécialisés, et des écoles d'industries. Des milliers d'orphelins sont mêmes maintenus dans des institutions psychiatriques, faussement étiquetés "malades mentaux" ! Alors qu'un concordat existe entre l'église et l'état, ils sont internés au mépris de la loi, et donc, avec la complicité du corps médical.

Par la suite, malheureusement, la majorité de ces enfants sont exploités et servent de main-d'œuvre gratuite en institution ou sur les terres agricoles. Un grand nombre d'entre eux subit des sévices corpo-

rels, ou est exploité sexuellement. Coupés de toute instruction, ces enfants constituent vite une main-d'œuvre gratuite. Les enfants qui ne sont ni adoptés ni placés en foyer nourricier restent à la crèche jusqu'à l'âge de treize ans. Ils sont ensuite orientés vers un orphelinat spécialisé ou dans une école d'industrie, jusqu'à seize ans. Toutes ces institutions, excepté la dernière, assujettie au ministère de la jeunesse, dépendent de l'assistance publique, c'est-à-dire de notre ministère de la santé.
Je vous le demande, chers lecteurs, maintenant que vous êtes tous au courant des faits :

L'hôpital Saint-Michel-Archange, asile pour des milliers d'orphelins faussement étiquetés malades mentaux.

Pouvons-nous laisser notre avenir, nos enfants, dans les mains de ce gouvernement et de cette église ? Allons-nous continuer encore longtemps à approuver ces méfaits par notre silence ? Pour ma part, ce matin, je ne le peux plus ! Il est temps que quelqu'un se lève et dénonce ces actes barbares et rétrogrades; Peut être est-ce la dernière fois que j'ai la chance de me lever librement, car je doute que notre bon gouvernement me laisse encore la parole après cet article. J'espère, à défaut d'avoir trouvé des solutions, avoir su interpeller quelques consciences.

8 - Dimanche 18 mars 1945, LA PRESSE DU NORD

Plusieurs parties de cet article sont tirés du livre de Bruno Roy, "Mémoire d'asile", publié aux éditions Boréal.

Mise en couleur de la couverture : Monica Langlois

Merci, Lyne pour toutes les heures que tu as données à ma passion et toutes celles que je t'ai volées par mon absence. Maintenant je suis à la maison... jusqu'au prochain tome ! Et surtout, merci de m'avoir donné un magnifique petit bout d'homme, Mathis.

Merci aux quelques personnes qui ont su m'encourager dans ma vocation de par leur enseignement ; René Jean, Pierre Lesage, Mézières, Dodier, Jung, Salma, le gang de Bruxelles (Gérald, Franck, Anthony, Éric, Cédric, Michael, Alexis, Édouard, et les autres.)

Voro.

LE TUNNEL DE LA SUPERSTITION ! ENCORE DES POÈTES DE LA FATALITÉ, DIRAIT-ON...

TUNNEL DE LA SUPERSTITION

ENFIN... MOI ON ME PAIE POUR FAIRE MON TRAVAIL, PAS LES COMMENTAIRES ! J'ESPÈRE QUE CE SERA VITE RÉGLÉ.

JE NE COMPTE PAS PASSER MA VIE DANS CE TROU PERDU AU FOND DES BOIS, ENTOURÉ DE CRASSEUX ET D'ATTARDÉS !

REGARDEZ !... ÇA DOIT ÊTRE LUI !

SANS DOUTE ! SANS DOUTE !

47.

3

HO, GÉDÉON ! ON DIRAIT BIEN QUE... QUE LE VOILÀ !

OUF ! QUEL SOULAGEMENT !! ON VA ENFIN POUVOIR VIVRE EN PAIX DANS CETTE VALLÉE !

'JOUR M'SIEUR ! VOUS N'SERIEZ PAS LE NOUV...

DÉGAGE, PETIT ! MES CHEVAUX ONT SOIF !

HEY!!!

MAIS QU'EST-CE QUE... QU'EST-CE QUE J'AI DIT DE MAL, M'SIEUR ?!...

VOUS... VOUS M'FAITES MAL, M'SIEUR !... VRAIMENT MAL !!

INDIQUE-MOI LA DIRECTION DE L'OFFICE DU SHÉRIF, PETIT.

AÏE!

VILLE DE QUÉBEC.

ET CETTE PÉTITION, MONSIEUR ÉMILE LEMAY !... CETTE PÉTITION, SIGNÉE - JE VOUS LE RAPPELLE - PAR 93 % DES HABITANTS DE NID-DE-ROCHE, EST ACCABLANTE POUR LE SHÉRIF QUE VOUS ÊTES !

ON VOUS REPROCHE ICI D'AVOIR MENÉ VOTRE ENQUÊTE EN TOUTE PARTIALITÉ. LÀ, D'AVOIR PROFITÉ DE VOTRE SITUATION PROFESSION-NELLE POUR DISSIMULER DES PREUVES CRUCIALES DANS LE BUT DE PROTÉGER JOHANNA RICHER...

... AVEC QUI VOUS AVIEZ EU UN DÉBUT D'AVENTURE SENTIMENTALE, JADIS ! JOHANNA RICHER QUI - SOIT DIT EN PASSANT - FAIT PARTIE DES PRINCIPAUX SUSPECTS !

C'EST TOUT JUSTE SI ON NE VOUS ACCUSE PAS D'AVOIR, TARD LA NUIT, HARCELÉ TOUS CES ORPHELINS MALADES, QUE SON ÉPOUX, LE MAIRE RICHER, AVAIT GÉNÉREUSEMENT IMPORTÉS ET ENGAGÉS VOICI QUELQUES ANNÉES.

VOS CONCITOYENS ONT DÉSORMAIS AUTANT PEUR DE SE RETROUVER SANS TRAVAIL QUE DE L'INSÉCURITÉ.

UN CONSENSUS S'EST FORMÉ SUR L'IDÉE QUE SEUL LE RETOUR DE L'ORDRE ENGENDRERA CELUI DU PLEIN-EMPLOI, LÀ-BAS.

QU'AVEZ-VOUS À DIRE POUR VOTRE DÉFENSE ?

QUE J'ESSAYAIS DE LES CALMER, CES ORPHELINS, LA NUIT... MÊME QUE JE RISQUAIS MA PEAU.

QUE J'ÉTAIS BIEN OBLIGÉ DE MONTER AU MANOIR INTERROGER MADAME RICHER, VU QU'ELLE NE DESCEND JAMAIS EN VILLE ELLE-MÊME...

QUE J'AVAIS QUELQUES BOUTS DE PISTES INTÉRESSANTS...

MAIS SURTOUT, QUE JE N'AI JAMAIS EXERCÉ DE PRESSION SUR MADAME RICHER ! DE QUELQUE ORDRE QUE CE SOIT.

MONSIEUR ÉMILE LEMAY, APRÈS DÉLIBÉRATIONS, CE TRIBUNAL VOUS DESTITUE DE VOTRE FONCTION DE SHÉRIF. PAR AILLEURS, TOUTES LES MESURES SERONT PRISES POUR QUE CETTE ENQUÊTE SOIT MENÉE À SON TERME.

BEN... MAIS QU'EST-CE QUE TU FAIS LÀ, COMME ÇA, TOUTE SEULE ?

MAIS JE T'ATTENDAIS. ON NOUS AVAIT AVERTIS QUE TU RENTRERAIS CERTAINEMENT AUJOURD'HUI...

TU M'AS MANQUÉ.

TOI AUSSI, TU M'AS MANQUÉ, TU SAIS...

93% DES HABITANTS DU VILLAGE SONT SORTIS POUR ASSISTER AU RETOUR DU DÉCHU !

PEUT-ÊTRE. MAIS POUR L'HEURE, OCCUPONS-NOUS DE NOS RETROUVAILLES.

ET ALORS ? QU'EST-CE QU'ILS FONT, GÉDÉON ?

BEN MAINTENANT, ELLE L'A PRIS PAR LA MAIN ET ELLE L'ENTRAÎNE VERS CHEZ EUX... SACRÉE BONNE FEMME QUAND MÊME, LA ROSE, HEIN !!

HUMBLE ET DISCRÈTE, MAIS PRÊTE À TOUT DÉFIER !

OUAIS ! 'FAUDRAIT QU'IL Y EN AIT PLUS COMME ELLE DANS CE VILLAGE...

52.

LE NOUVEAU SHÉRIF EST ARRIVÉ DEPUIS QUELQUES JOURS DÉJÀ... IL A L'AIR DUR MAIS LES GENS ONT L'AIR DE L'APPRÉCIER.

J'IMAGINE, ROSE ! J'IMAGINE... MAIS TOI, ICI, TU...

PAS MOI, ÉMILE, MAIS NOUS !!... NOUS, ON N'A PAS L'INTENTION DE BAISSER LES BRAS !

NON SEULEMENT ON RESTE À NID-DE-ROCHE, MAIS ON VA AFFICHER NOTRE NOM EN GRAND.

K'RAC

TU SAIS, JE NE T'EN AI JAMAIS PARLÉ, MAIS J'AVAIS HÉRITÉ D'UN PETIT PÉCULE DE MA GRAND-MÈRE... ET PUIS, J'AI ÉCONOMISÉ UN SOU PAR-CI, UN SOU PAR-LÀ, DURANT TOUTES CES ANNÉES...

J'AI AUSSI OBTENU HIER, DE MON COUSIN GILLES, QU'IL NOUS PRÊTE UN PEU D'ARGENT.

MAIS... MAIS POUR QUOI FAIRE, ROSE ?

LE PÈRE AMABLE COMMENCE À FATIGUER. IL A LAISSÉ SAVOIR, CES JOURS DERNIERS, QU'IL CHERCHAIT AU PLUS TÔT QUELQU'UN POUR RACHETER SON BAR ET SON HÔTEL.

IL FAISAIT PAS PARTIE DES 93%, LE PÈRE AMABLE. IL A MÊME DIT QU'À CHOISIR IL PRÉFÉRERAIT VENDRE À LA FEMME D'UN ANCIEN SHÉRIF...

ÇA NOUS PERMETTRAIT DE VIVRE CONVENABLEMENT, ÉMILE.

TOUT ÇA N'AURA PEUT-ÊTRE ÉTÉ QU'UN MAL POUR UN BIEN, FINALEMENT.

EN ATTENDANT, J'EXIGE QUE TU TE LAVES ET QUE TU TE RASES... TU PUES LE BOUC !

ROSE, FRANCHEMENT, TU ES GÉNIALE !

53.

ET QU'EST-CE QU'IL COMPTE FAIRE PAR RAPPORT AUX ORPHELINS, LE NOUVEAU SHÉRIF, WILFRID ?

J'EN AI PAS PLUS IDÉE QUE TOI, MON VIEUX. IL ME DONNE DES ORDRES MAIS JAMAIS LEURS EXPLICATIONS. JAMAIS DE COMMENTAIRES !

TLOC
TLOC

EH ! MAIS QU'EST-CE QUE C'EST QUE ÇA ?

TLOC
TLOC

TLOC

BEN MON VIEUX ! À CROIRE QUE ÇA NE LUI A PAS SERVI DE LEÇON, TOUT ÇA ! IL VA ENCORE ALLER TRAÎNER AU MANOIR RICHER !

TU PARLES TROP SANS SAVOIR, CÉLESTIN !

TOUT LE MONDE A TROP PARLÉ SANS SAVOIR, DANS CE VILLAGE !!

ÇA ME DÉGOÛTE, TOUT ÇA, MOI !!... SI ÇA SE TROUVE, MÊME TOI, TU L'AS SIGNÉE, LA PÉTITION !!

CRÉNOM ! MAIS QU'EST-CE QU'IL A FAIT POUR TOI, L'ÉMILE, POUR QUE TU LE DÉFENDES AINSI ? IL T'A QUAND MÊME ENGUEULÉ PLUS SOUVENT QU'À TON TOUR...

BON SANG DE BOIS !! DÉJÀ ?!... 'FAUT QUE J'Y AILLE ! J'VAIS ENCORE ME FAIRE ENGUEULER, MOI !!

54.

T'AS VU L'HEURE QU'IL EST, WILFRID ?!

J'AI FAILLI T'ATTENDRE !!!

ÉCOUTEZ, CHEF, JE... DÉSOLÉ, MON CHEVAL BOITAIT UN PEU ET...

OUAIS !... BEN PREMIER ET DERNIER AVERTISSEMENT ; T'AMUSE PAS À RECOMMENCER SI TU TIENS À TON POSTE !

ON VA ALLER INTERROGER JOHANNA RICHER CE MATIN.

MADAME RICHER ?!

ÉCOUTEZ, SHÉRIF, LÀ TOUT DE SUITE, C'EST PAS POSSIBLE !... ELLE DOIT DORMIR ENCORE...

BEN ON LA RÉVEILLERA !!

OUI MAIS... MAIS ELLE N'EST PEUT-ÊTRE PAS SEULE !!

EH BEN ÇA TOMBERAIT TRÈS BIEN ! JE SUIS JUSTEMENT EN QUÊTE DE SUSPECTS POTENTIELS PAR RAPPORT AU MEURTRE DE SON ÉPOUX ! UN AMANT, CE GENRE-LÀ...

55.

11

QU'EST-CE QUE TU PENSES DE MON PRÉDÉCESSEUR, TOI QUI AS BOSSÉ AVEC, WILFRID ?

J'SUIS PAS PAYÉ POUR PENSER, CHEF ! JE TRAVAILLE POUR PAYER MON LOYER... ET POUR QUE ÇA CONTINUE, C'EST MIEUX QUE J'AIE PAS D'AVIS...

J'AI TOUJOURS ÉTÉ LE SUBALTERNE, MOI.

OUI, MAIS ENTRE NOUS, LÀ, COMME ÇA, SANS HIÉRARCHIE...

ON NE POURRA JAMAIS ÊTRE ENTRE NOUS, VOUS ET MOI, CHEF. 'Y AURA TOUJOURS MA CONSCIENCE...

... ET FRANCHE-MENT, JE ME MÉFIE D'ELLE. ELLE REVIENT M'EMBÊTER SOUVENT, TARD DANS LA NUIT, DANS UN BAR COMME DANS MON LIT.

JE N'AI QU'ELLE ET MON BOULOT, MOI. ALORS 'FAUT QUE JE LA MÉNAGE.

POUR-QUOI ?! TU VIS SEUL ?... T'ES PAS MARIÉ ?

ENTRE NOUS, SANS HIÉRARCHIE, C'EST PAS L'ASSISTANT DU SHÉRIF QUI ATTIRE LE PLUS LES FEMMES, CHEF.

C'EST QUI, CE TYPE ?

PERSONNE !... C'EST PLUS PERSONNE, HÉLAS !

J'AI LU, DANS LE RAPPORT NON OFFICIEL DE MON PRÉDÉCESSEUR, QUE VOUS AVEZ TRAVAILLÉ DANS UN HÔPITAL PSYCHIATRIQUE, À QUÉBEC, JADIS.

ET AUSSI QUE VOUS AVEZ EU UN ENFANT D'UN CERTAIN MELVILLE SAUVEUR, MADAME RICHER.

OR, CE MELVILLE SAUVEUR EST PRÉSENTEMENT À NID-DE-ROCHE. IL SEMBLERAIT MÊME QU'IL Y SOIT ARRIVÉ PEU AVANT L'ASSASSINAT DE VOTRE ÉPOUX.

MAIS NUL NE PEUT... OU NE VEUT ME DIRE OÙ IL SE TERRE ACTUELLEMENT !

JE PRÉFÈRE VOUS AVERTIR TOUT DE SUITE QUE JE NE SUIS PAS UN LAXISTE, MOI ! JE VEUX, ET DANS LES PLUS BREFS DÉLAIS, LE RENCONTRER POUR VOUS CONFRONTER AVEC LUI.

ME SUIS-JE BIEN FAIT COMPRENDRE, MADAME RICHER ?

PAR AILLEURS, JE VAIS CONVOQUER TOUS LES ORPHELINS QU'EMPLOYAIT FEU VOTRE MARI. MAIS EUX...

...C'EST AVEC VOTRE FILS FIRMIN QUE JE LES CONFRONTERAI !

SALOPERIE !! MAIS REDESCENDEZ UN PEU DE VOTRE PIÉDESTAL, À LA FIN ! RÉPONDEZ-MOI QUAND JE VOUS PARLE ! JE... JE SUIS LA POLICE, MOI !!

MÈRE !!

TIENS TIENS !

JE PARIERAIS QUE TU T'APPELLES FIRMIN, TOI... ET FIGURE-TOI, MON CHER FIRMIN...

... QU'UN TÉMOIN T'A VU TE BATTRE AVEC CETTE PAUVRE FILLE, TU SAIS, CETTE PRISCILLE, PEU AVANT SON MEURTRE. ET ÇA JUSTE AVANT CELUI DE CLOVIS.

MAIS... JE VOIS QU'À TON ÂGE, TU JOUES ENCORE À LA POUPÉE... C'EST PAR ELLE QUE TU REMPLACES PRISCILLE ?

FAIS BIEN ATTENTION, MON GARS ! C'EST PAS TERRIBLE, LE CONFORT EN PRISON, POUR UNE POUPÉE.

N'ESPÈRE PAS TROP QU'ELLE VIENNE TE VOIR AU PARLOIR.

ÇA SUFFIT !

VOUS N'AUREZ QU'À REDESCENDRE AVEC LES DEUX CHEVAUX ! MA LETTRE DE DÉMISSION SERA SUR VOTRE BUREAU DANS DEUX HEURES.

58.

14

'ME DEMANDE BIEN CE QU'ILS FONT ENCORE ICI, CES DEUX-LÀ. N'ONT VRAIMENT AUCUN ORGUEIL !... MOI, À LEUR PLACE, J'AURAIS FUI LA VALLÉE !

PAS ROSE, CHÉRIE !... C'EST PAS UNE FEMME COMME ÇA, ROSE.

QU'EST-CE QUE T'EN SAIS, TOI, DE LA ROSE ?!

BEN... SON PÈRE A TRAVAILLÉ QUELQUE TEMPS POUR LE MIEN APRÈS LA MORT DE SA FEMME. ROSE AVAIT ONZE ANS, ALORS ELLE S'EST OCCUPÉE DE SES PETITS FRÈRES ET SŒURS, DU MÉNAGE, DES REPAS...

UNE VRAIE PETITE MÈRE ! ET ELLE A QUAND MÊME EU SON EXAMEN À LA FIN DE L'ANNÉE SCOLAIRE !

OUAIS !... N'EMPÊCHE QU'ELLE A JAMAIS EU D'ENFANT ELLE-MÊME, QU'ELLE EST COCUE ET QU'ELLE REPART POUR UN TOUR AVEC CELUI QUI L'A MISE DANS CET ÉTAT !

OUI. ELLE AURAIT PU LE LAISSER POURRIR AU FOND DE SON TROU...

MAIS RAPPELLE-TOI ! LA FOIS OÙ TU AVAIS EU UNE AVENTURE AVEC GÉDÉON ! AURAIS-JE DÛ TE QUITTER ALORS QUE NOUS NOUS AIMIONS ?

PFF ! C'ÉTAIT PAS PAREIL !... RIEN À VOIR !

60.

TU SAIS, C'EST TOUJOURS UN PEU LENT, LES DÉMARRAGES...

TU VERRAS, UN JOUR TU TE PLAINDRAS D'AVOIR TROP DE TRAVAIL ET PLUS ASSEZ DE TEMPS POUR ALLER PÊCHER.

ROSE, TU SAIS, JE... JE...

BONNE NUIT, ÉMILE. IL FAUT DORMIR, MAINTENANT.

JE VOUS LE DIS, MOI, CE BILODEAU, AVEC SES CERTITUDES DE SHÉRIF PURIFICATEUR VENU DE LA VILLE, N'EST VRAIMENT PAS L'HOMME DE LA SITUATION.

SELON MOI, IL FAUT RÉHABILITER ÉMILE !

TOUT N'EST PAS PARFAIT EN LUI... COMME EN NOUS. MAIS JE LE CONNAIS DEPUIS L'ÉCOLE ET JE SAIS QU'IL EST DROIT TOUT EN ÉTANT ADAPTÉ AUX PARTICULARITÉS D'ICI.

LA VILLE A FAIT UNE ERREUR VIS-À-VIS DE LUI ! MAIS ELLE EN FERA UNE PLUS GROSSE EN LAISSANT BILODEAU AU POSTE DE SHÉRIF. ALORS, POUR FACILITER LA REPRISE DE CONTACT AVEC ÉMILE...

...J'OFFRIRAI LA TOURNÉE GÉNÉRALE À SON BAR. ET N'HÉSITEZ PAS À AMENER VOS PROCHES. J'AI ENVIE QUE MON DERNIER SALAIRE D'ADJOINT SOIT UNE GRANDE FÊTE !!!

61.

HÉÉ !!!

MAIS...

62

CHACUN D'ENTRE EUX ÉTAIT UN ÊTRE NUISIBLE, INDIGNE DE VIVRE !

PEUT-ÊTRE !... MAIS PEUT-ÊTRE PAS, FIRMIN !!ET SI TU CONTINUES À N'ÉCOUTER QUE TON INSTINCT, L'IRRÉPARABLE VA FINIR PAR SE PRODUIRE.

UNE POLICE EXTÉRIEURE VA COMPLÈTEMENT INVESTIR LA VALLÉE, ET TOUS TES AMIS ORPHELINS SERONT RENVOYÉS DANS LES HÔPITAUX...

... OÙ ILS SERONT INCARCÉRÉS ET SÉVÈREMENT PUNIS À CAUSE DE TOI ! TU VOIS... NON ?

ÇA ARRANGERAIT BEAUCOUP VOS AFFAIRES SI VOUS VOUS MONTRIEZ TOUS UTILES ET SYMPATHIQUES.

SI VOUS VOUS INTÉGRIEZ EN DOUCEUR.

EST-IL VRAIMENT INDISPENSABLE D'AVOIR CE GENRE DE CONVERSATION ?

JE VOUDRAIS JUSTE T'AIDER À COMPRENDRE QU'IL NE FAUT PLUS ENLEVER LA VIE D'AUTRUI... TU NE DOIS PLUS JOUER COMME AVANT.

C'EST MAL ! ET MAINTENANT QUE LE MAIRE RICHER N'EST PLUS, ÇA N'A PLUS RAISON D'ÊTRE.

LA NUIT DERNIÈRE, QUELQU'UN DANS CE VILLAGE M'A DÉCLARÉ LA GUERRE...

MAIS QUI ?!?

TAVERNE

J'EN AVAIS RIEN À FOUTRE, DE CE CANASSON, MAIS C'ÉTAIT MON CANASSON !!

SALUT ! ON PEUT SE PARLER ?

ÇA DÉPEND DE QUOI !

DES ORPHELINS, DE FIRMIN, ET DE MON CHEVAL MORT PAR EXEMPLE !!!

JE NE SUIS PLUS SHÉRIF !... JUSTE BARMAN.

JE N'AI PLUS QUE DES CONVERSATIONS DE BARMAN, MAINTENANT !

C'EST DOMMAGE !... TRÈS DOMMAGE !! JE VOIS QUE VOUS AVEZ DÉJÀ DU MAL À VOUS FAIRE UNE CLIENTÈLE...

ÇA RISQUE DE NE PAS S'ARRANGER !!

PAS CERTAIN !!!

INSTALLEZ-VOUS AU BAR, LES AMIS, J'ARRIVE !

BONJOUR MESSIEURS ! QU'EST-CE QUE JE VOUS SERS ?

C'EST MA TOURNÉE, ÉMILE ! UNE BIÈRE POUR TOUS !!

TU N'AS PAS INVITÉ TON NOUVEAU PATRON À TRINQUER AVEC VOUS, WILFRID ?

C'EST PLUS MON PATRON !

COMMENT ÇA, "PLUS TON PATRON" ?!

OUBLIONS ÇA POUR L'INSTANT, ÉMILE ! LE TEMPS EST À LA FÊTE ! ALORS RESSERS PLUTÔT UNE TOURNÉE À MES COPAINS !

MAINTENANT QU'ILS SONT ENTRÉS UNE FOIS, SI T'ES AIMABLE, ILS REVIENDRONT.

QU'EST-CE QUI S'EST PASSÉ POUR WILFRID, PAR RAPPORT À SON POSTE D'ADJOINT ?

LE NOUVEAU SHÉRIF A MANQUÉ DE RESPECT À MADAME RICHER DEVANT LUI, ALORS IL LUI A BALANCÉ SA DÉMISSION...

SALUT, WILFRID ! ET MERCI ENCORE !... C'ÉTAIT SUPER !!

LA PROCHAINE FOIS, C'EST NOUS QUI T'INVITONS !

JE VOULAIS TE DEMANDER, ÉMILE, POURQUOI T'AS CHOISI CE JOB ?

PRÉCISÉMENT AU MILIEU DE TOUT CET ALCOOL ?

J'SAIS PAS... L'IDÉE DE TAQUINER MES VIEUX DÉMONS EN VOISIN M'EST APPARUE PLUS EFFICACE QUE D'ESSAYER DE LES FUIR, J'IMAGINE.

OUAIS !... JE CROIS QUE SI J'AVAIS EU TA VIE ET TA FAÇON DE PENSER, J'AURAIS AGI COMME ÇA, MOI AUSSI.

TU SAIS, WIL, ON BOSSAIT BIEN, ENSEMBLE... GRÂCE À TOI, IL SE PEUT QUE JE SOIS DÉBORDÉ D'ICI PEU...

'FAUT QUE JE RÉFLÉCHISSE, ÉMILE... C'EST QUAND MÊME UN SACRÉ VIRAGE DE VIE !

LAISSE-MOI LA NUIT POUR Y PENSER ET JE TE DONNE MA RÉPONSE DEMAIN.

HÔTEL CHEZ ÉMILE ET ROSE

TAVERNE

SI T'AS RIEN CONTRE "SERVIR À BOIRE", LE POSTE DE BARMAN EST VACANT... ÇA TE PERMETTRAIT D'AVOIR UN ŒIL SUR MES VIEUX DÉMONS.

22

C'EST VRAIMENT UN SENTIMENTAL, CET EX-SHÉRIF ! UN INCOMPÉTENT DE PREMIÈRE CATÉGORIE ! 'M'ÉTONNE PAS QU'IL SE SOIT FAIT VIRER !!

MOI JE VAIS TOUT METTRE AU JOUR ! PERCER LES MYSTÈRES DE CE VILLAGE ET DE LA VEUVE RICHER...

...MÊME S'IL FAUT EMPLOYER LES GRANDS MOYENS ET S'INTRODUIRE ILLÉGALEMENT SUR SA PROPRIÉTÉ. APRÈS TOUT, LA LOI, C'EST MOI !!

TIENS TIENS !! JE ME DEMANDE QUI PEUT BIEN SE TROUVER DANS LES JARDINS À UNE HEURE AUSSI AVANCÉE DE LA NUIT.

...TU COMPRENDS...

...NON !!! MAINTENANT QUE NOUS AVONS LIBÉRÉ LES ORPHELINS DES MINES, IL FAUT EN FINIR AVEC CETTE HISTOIRE, MELVILLE !

ÉCOUTE, FIRMIN, JE TE L'AI DÉJÀ DIT PLUSIEURS FOIS, LA FORCE N'EST PAS L'UNIQUE MOYEN POUR RÉGLER VOS PROBLÈMES. SI TU CONTINUES DANS CETTE VOIE, TOUT NE FERA QU'EMPIRER !

POUR QUI TE PRENDS-TU, MELVILLE !?!...

DEPUIS TON ARRIVÉE À NID-DE-ROCHE, TU NE NOUS AS SERVI À RIEN !... LES CHOSES AVANÇAIENT PLUS VITE POUR NOUS, AVANT !!

LES GENS D'ICI NE S'APPESANTIRONT JAMAIS SUR LES SOUFFRANCES DES ORPHELINS. ET TU SAIS POURQUOI ? PARCE QU'IL S'AGIT D'ÉTRANGERS, ET QU'ILS ONT PEUR ET HORREUR DES ÉTRANGERS !

TU N'ES QU'UN ADULTE STUPIDE !!!

CLAC

JE SUIS TON PÈRE, FIRMIN !! JE TE CONSEILLE DE T'EN SOUVENIR, DORÉNAVANT !

MON PÈRE !!... MAIS TU ES DANS L'ILLUSION, PAUVRE MELVILLE ! TU N'ES QU'UN ANCIEN MALADE QUI COUCHAIT AVEC JOHANNA DANS SA CHAMBRE DE GARDE DE L'HÔPITAL PSYCHIATRIQUE DE QUÉBEC...

... PARCE QU'ELLE ALLAIT MAL, ELLE AUSSI. ÇA NE FERA JAMAIS DE TOI MON PÈRE !

CHLOÉ

UN PÈRE S'OCCUPE DE SON ENFANT ! TU T'IMAGINES QUE JE SUIS REDEVENU TON FILS PARCE QUE TU M'AS DONNÉ CETTE STUPIDE POUPÉE ?!!

RAAAA

TU ES DUR, FIRMIN... TOUT ÇA, C'ÉTAIT IL Y A BIEN LONGTEMPS. UNE AUTRE VIE OÙ J'ÉTAIS QUELQU'UN D'AUTRE...

68.

24

J'ÉTAIS MALADE, ALORS... TROP MALADE POUR POUVOIR M'OCCUPER D'UN BÉBÉ...

JOHANNA A DÛ RECOURIR À SON MARI ET REVENIR À NID-DE-ROCHE POUR ASSURER TA GARDE... NOUS EN AVONS TOUS PAYÉ LE PRIX !... TOUS !

MOI J'AI ÉTÉ SÉPARÉ DE VOUS DEUX... J'ENRAGEAIS DANS MON COIN EN PENSANT QUE C'EST CET ÊTRE IGNOBLE QUE TU APPELAIS "PAPA".

IGNOBLE, CAR FIGURE-TOI QUE TA VENUE LUI AVAIT DONNÉ DES IDÉES. À QUÉBEC, DE TEMPS À AUTRE, JE LE VOYAIS REVENIR CHERCHER D'AUTRES ORPHELINS.

ET JE SAVAIS QUE CES ENFANTS, HEUREUX D'ENFIN QUITTER LEUR CONDITION, IGNORAIENT QU'ILS ALLAIENT DEVENIR SES ESCLAVES.

C'EST AINSI QU'EST NÉ LE CANCER DÉFINITIF ENTRE MAÎTRE RICHER ET SON ÉPOUSE. VOILÀ !... VOILÀ NOTRE HISTOIRE, MON FILS !

NE TROUVES-TU PAS QUE NOUS AVONS DÉJÀ ASSEZ SOUFFERT COMME ÇA ?... QU'IL EST TEMPS DE RÉPARER TOUTES NOS FRACTURES ?

C'EST CE QUE JE FAISAIS, MELVILLE, JUSTE AVANT QUE TU NE POINTES TON NEZ DANS CETTE VALLÉE !!

FUMIER ! SÛR QUE C'EST FIRMIN QUI A TUÉ RICHER... J'AIMERAIS LES COFFRER TOUT DE SUITE, CES DEUX-LÀ !

MAIS JE SUIS ENTRÉ ICI ILLÉGALEMENT, ET JOHANNA RICHER N'HÉSITERAIT PAS À PORTER PLAINTE CONTRE MOI, SUITE AU PEU D'ÉGARDS QUE JE LUI AI TÉMOIGNÉS JUSQU'À PRÉSENT.

JE N'AI PAS DE PREUVE. JUSTE CE QUE MES OREILLES ONT ENTENDU... ET COMME MES MÉTHODES BRUTALES EFFRAIENT LA POPULACE, C'EST PAS LE MOMENT D'ENFONCER LE CLOU ! J'AURAI BIEN UNE AUTRE OCCASION, VA !

69.

25

J'SAIS PAS CE QUI M'EST ARRIVÉ CE MATIN, J'AI MIS TROP DE TEMPS À ENTENDRE LA SONNERIE DU RÉVEIL. LE PÈRE FRANÇOIS VA RÂLER...

IL DEVAIT ME LIVRER LA BIÈRE À SIX HEURES. IL DOIT M'ATTENDRE !

MAIS... QU'EST-CE QUE TU FAIS LÀ, TOI ?!!

BEN J'ÉTAIS PASSÉ TE DIRE QUE MA RÉPONSE EST "OUI", ET LE PÈRE FRANÇOIS S'ÉNERVAIT À T'ATTENDRE DERRIÈRE SES MULES!

JE REVIENS DANS UNE HEURE, WIL, LE TEMPS D'ALLER PASSER UNE COMMANDE.

CRÉNOM DE BON SANG ! MAIS QU'EST-CE QU'IL FOUT ?! ÇA FAIT TROIS HEURES QU'IL DEVRAIT ÊTRE RENTRÉ... 'Y A PLUS DE CLIENTS... POURVU QU'IL NE SOIT PAS REMONTÉ CHEZ...

J'ESPÈRE QUAND MÊME QU'IL NE M'A PAS ENGAGÉ POUR QUE LE BAR SOIT OUVERT PENDANT QU'IL RETOURNE LA VOIR...

HÉ ! WILFRID !!

BEN... MAIS QU'EST-CE QUE TU FOUS LÀ, TOI ?! T'AS PAS LE DROIT ! T'ES TROP JEUNE !!

J'AI ATTENDU QU'IL N'Y AIT PLUS DE CLIENTS... IL FAUT QUE JE TE PARLE, WIL !

71.

27

TU SAIS, CETTE HISTOIRE M'A TOUCHÉE DE SI PRÈS QUE JE NE POUVAIS PAS EN RESTER LÀ. J'AI SUBITEMENT EU L'IMPRESSION D'ÊTRE PLONGÉE DANS LE MONDE ADULTE...

CE MATIN, J'ÉTAIS AU MAGASIN GÉNÉRAL POUR FAIRE LES COMMISSIONS ET J'AI SURPRIS UNE CONVERSATION ENTRE LE NOUVEAU SHÉRIF ET LES COMMÈRES DU VILLAGE. EH BEN TU VAS PAS ME CROIRE, MAIS...

IL PROJETTE D'ÉCRIRE À SES SUPÉRIEURS. IL VEUT FAIRE VENIR TOUT UN CONTINGENT MILITAIRE À NID-DE-ROCHE...

... POUR SAISIR TOUS LES ORPHELINS, Y COMPRIS FIRMIN, ET LES RAMENER À QUÉBEC...

HEIN ?!!

IL FAUT ABSOLUMENT METTRE JOHANNA RICHER AU COURANT... TU TIENDRAS LE BAR TOUT SEUL CE SOIR, WIL !

AH, AU FAIT ! POUR CAMILLE, COMMENT ÇA SE PASSE AVEC SON PÈRE ?

SA FEMME L'A MENACÉ DE LE QUITTER S'IL RETOUCHAIT À ELLE, ÇA L'A CALMÉ.

ET COMME POUR L'INSTANT MADAME RICHER N'A LICENCIÉ PERSONNE, IL TRAVAILLE ET N'EN FAIT PLUS DE CAS.

JE NE COMPRENDS PAS, ÉMILE. ON M'A RAPPORTÉ QUE TU AVAIS REPRIS L'HÔTEL DU PÈRE AMABLE... POURQUOI UN BARMAN VIENT-IL ME RACONTER TOUT ÇA ?

PARCE QUE, JOHANNA... PARCE QUE L'ANCIEN SHÉRIF N'APPRÉCIE NI LES IDÉES NI LA FAÇON DE FAIRE DU NOUVEAU.

ET PARCE QUE FINALEMENT... FINALEMENT, JE LES AIME BIEN, MOI, CES ORPHELINS...

ET PUIS AUSSI...

JE... JE SUIS DÉSOLÉ, JOHANNA... JE NE SAIS PAS CE QUI M'A PRIS... VRAIMENT, JE...

CE N'EST RIEN, ÉMILE... JUSTE UN BAISER. ÇA N'ENGAGE À RIEN DANS NOTRE SITUATION, UN B...

VOUS DEVRIEZ AVOIR HONTE !!!

ESPÈCE D'EX-SHÉRIF !!

EMBRASSER UNE FEMME, TOUT JUSTE VEUVE !! ROSE, VOTRE ÉPOUSE SERAIT SANS DOUTE TRÈS TRISTE D'APPRENDRE CELA !

ÉCOUTEZ ! JE...

AARG !!

ARRÊTE, MELVILLE !!

HOUMPF

JE T'AVAIS DEMANDÉ DE VENIR POUR CALMER LE JEU, ET À TON TOUR, TU VEUX SEMER LA VIOLENCE ?!

74.

ARRÊTE, ÉMILE !!! JE VAIS TOUT T'EXPLIQUER !

POUFF

M'EXPLIQUER QUOI, JOHANNA ?

TES DOUTES ÉTAIENT FONDÉS, À QUÉBEC J'AI EU UNE LIAISON AVEC MELVILLE, ET FIRMIN EST NÉ DE NOTRE AMOUR...

MAIS RAPIDEMENT J'AI DÛ FAIRE APPEL À RICHER POUR SUBVENIR À SES BESOINS. IL ACCEPTA, EN ÉCHANGE DE MON RETOUR SEULEMENT.

RICHER N'AVAIT JAMAIS VOULU D'ENFANTS. IL NE LES AIMAIT PAS. ALORS JE LUI AI BIEN FAIT COMPRENDRE QUE C'ÉTAIT FIRMIN ET MOI OU RIEN DU TOUT ! MAIS ÇA LUI A DONNÉ DES IDÉES...

RICHER SAVAIT, EN BON HOMME D'AFFAIRES, TIRER PROFIT DE TOUTES NÉGOCIATIONS. ET C'EST AVEC L'AIDE DE L'ÉGLISE ET DE L'ÉTAT QU'IL S'EST MIS À IMPORTER D'AUTRES ORPHELINS POUR LES EXPLOITER.

LA SUITE, TU LA CONNAIS. IL EN RAMENA DE PLUS EN PLUS. IL LEUR FIT CONSTRUIRE LES BARAQUES PRÈS DES MINES, POUR LES LOGER COMME DES SARDINES EN BOÎTE.

PUIS IL Y EUT CE DISCOURS OBLIGATOIRE POUR TOUS, SUR LA GRAND-PLACE DU VILLAGE. TOUS SES EMPLOYÉS ALLAIENT DÉSORMAIS CESSER DE TRAVAILLER AUX MINES.

INQUIET, CHACUN SE DEMANDA CE QU'IL ALLAIT ADVENIR. ET PUIS ON SE MIT À APERCEVOIR DES SILHOUETTES ADOLESCENTES, AU LOIN... TOUJOURS À L'ÉCART DE L'AGGLOMÉRATION.

COURROUCÉ, RICHER FIT PASSER DES CONSIGNES. DÈS LORS, LES ORPHELINS NE FURENT PLUS VISIBLES QU'À LA NUIT. ALORS CHACUN PRIT PEUR ET SE CALFEUTRA CHEZ LUI DÈS LA TOMBÉE DU JOUR.

75.

JE N'AI JAMAIS SUPPORTÉ TOUT LE MAL QUE RICHER FAISAIT SUBIR AUX NOUVEAUX AMIS DE FIRMIN.

RÉCEMMENT, CEUX-CI, DEVENUS PRESQUE ADULTES, N'EN POUVAIENT PLUS. UNE RÉBELLION COUVAIT. FIRMIN SE MONTRAIT DE PLUS EN PLUS AGRESSIF. IL ME FAISAIT PEUR.

ALORS J'AI ÉCRIT À MELVILLE POUR LUI DEMANDER DE VENIR NOUS AIDER À GÉRER LA DRAMATIQUE SITUATION QUI NOUS ÉTREIGNAIT TOUS. JE N'AVAIS PERSONNE D'AUTRE...

J'ESPÉRAIS QU'IL LES CANALISERAIT AVANT QU'ILS NE SE MUTINENT ET METTENT LA RÉGION À FEU ET À SANG. CAR PLUS ILS S'ÉNERVAIENT, PLUS RICHER SE MONTRAIT IMPITOYABLE.

HÉLAS, MELVILLE VENAIT TOUT JUSTE D'ARRIVER QUAND PRISCILLE REPOUSSA FIRMIN. L'ÉCHAUFFEMENT DES ESPRITS SAUTA PLUSIEURS CRANS D'UN COUP ET NOUS N'AVONS PAS ÉTÉ CAPABLES DE MAITRISER FIRMIN.

PRISCILLE, CLOVIS, RICHER... C'ÉTAIT SANS DOUTE LE PRIX À PAYER POUR TOUTE LA SOUFFRANCE QUE RICHER A FAIT SUBIR À CES ENFANTS !

IL Y A UNE JUSTICE, JOHANNA... MÊME POUR LES RICHER ! ALLEZ, BONSOIR...

C'EST AUSSI POUR ÇA QUE TU M'AS FAIT VENIR ICI ?!

POUR ME MONTRER PAR QUI TU M'AS REMPLACÉ ?!

C'ÉTAIT UN ACCIDENT, CE BAISER, CE SOIR, MELVILLE. JUSTE UN ACCIDENT ! JE NE SUIS PAS RESPONSABLE DE SES ÉLANS SENTIMENTAUX.

IL M'AVAIT APITOYÉE... J'AURAIS DÛ LE GIFLER, BIEN SÛR !

76.

ALORS, COMMENT ÇA S'EST PASSÉ HIER AU MANOIR?...

OUUULALA !!!... PAS BIEN, ON DIRAIT !

CLAC

ÉMILE LEMAY !!!

J'ÉTAIS CHEZ CÉLESTIN HIER AU SOIR. JE VOUS AI VU PASSER. QU'ÊTES-VOUS MONTÉ FAIRE CHEZ JOHANNA RICHER ?!?

ON AVAIT UNE PARTIE DE POKER MENTEUR À FINIR, ELLE ET MOI...

PAF

77.

J'AI DIT...

AAAAA ... ÇA SUFFIT !!!

BRRRMM

JE NE VOUS AIME PAS, BILODEAU !

ET CROYEZ-MOI, ON EST DE PLUS EN PLUS DANS CE CAS, ICI. VOUS DEVENEZ DE PLUS EN PLUS SEUL. FERIEZ BIEN DE SORTIR DE CE BAR !!

MERCI CÉLEST...

NE ME REMERCIE PAS, SHÉRIF ! J'AI DOUTÉ DE TOI ET JE M'EN EXCUSE.

MAINTENANT, WILFRID, ON VA LA REPRENDRE CETTE SATANÉE ENQUÊTE !

AH ! JE TE PRÉFÈRE COMME ÇA, ÉMILE !!

80.

LES ORPHELINS DE RICHER NOUS TERRORISENT PAR LEUR SIMPLE PRÉSENCE, LA NUIT. MAINTENANT, SI LE NOUVEAU SHÉRIF DEVIENT EXTRÉMISTE ET BRUTAL AVEC NOUS...

LA FAMILIALE
MAGASIN GÉNÉRAL

BUREAU DE POSTE

... JE VAIS FINIR PAR REGRETTER ÉMILE. C'ÉTAIT UN SHÉRIF HUMAIN, LUI.

BUREAU DE POSTE

J'SAIS PAS POURQUOI J'AI VOTÉ CONTRE LUI, FINALEMENT.

PARCE QUE À PART L'HIVER DERNIER, 'Y A JAMAIS EU À SE PLAINDRE.

OUAIS ! N'EMPÊCHE QU'IL EST ENCORE REMONTÉ AU MANOIR, CE PORC ! QUELQU'UN QUI NE RESPECTE PAS SA FEMME, COMMENT VOULEZ-VOUS...

... QU'IL NOUS RESPECTE, NOUS, SES ÉLECTEURS ?

FARINE

VOUS N'ÊTES VRAIMENT QU'UNE SALE VIPÈRE, MADAME LAGACÉ !!... JE NE ME SUIS JAMAIS POSÉ DE QUESTIONS POUR SAVOIR DE QUEL CÔTÉ DES 93% VOUS VOUS TROUVIEZ, VOUS !

TOUJOURS À SEMER VOS PAROLES TEINTÉES D'ACIDE DANS LE DOS D'AUTRUI ! COURAGEUSE MAIS SOUR-NOISE ! GARANTE DES BONNES MŒURS !

JE N'AIMERAIS PAS ÊTRE À VOTRE PLACE !

SUR CE... JE NE VOUS SALUE PAS !

81.

37

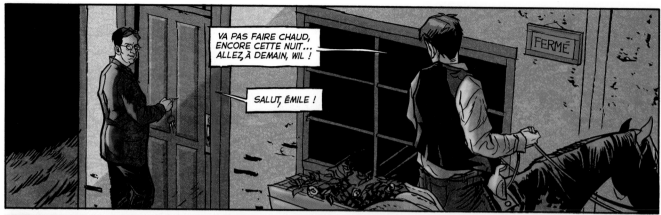

TOC TOC TOC

TOC TOC

QUI EST LÀ ?

C'EST MOI !

MOI, ROSE LEMAY !

SUIVEZ-MOI AU SALON, JE VOUS PRIE.

JE PRÉFÈRE RESTER ICI !

À VOTRE AISE ! EH BIEN JE VOUS ÉCOUTE, MADAME LEMAY.

TOUT D'ABORD, JE TIENS À VOUS DIRE QUE JE N'AI RIEN CONTRE VOUS EN TANT QU'AMOUR DE JEUNESSE DE MON MARI. SA NOSTALGIE DE VOUS NE M'A JAMAIS PERTURBÉE...

83.

... QUE DES RAGOTS LE DÉMOLISSENT, ET FINISSENT PAR FAIRE FUIR SES QUELQUES CLIENTS.

POURQUOI ME DITES-VOUS ÇA À MOI ? C'EST À LUI QU'IL FAUT VOUS ADRESSER SI VOUS CROYEZ QU'IL VOUS TROMPE.

LES HOMMES PASSENT LEUR VIE À RECHERCHER DES LAMBEAUX DE LEUR ADOLESCENCE. C'EST DANS L'ORDRE DES CHOSES POUR EUX.

MAIS NOUS VENONS D'INVESTIR TOUTES NOS ÉCONOMIES DANS UN BAR, ET JE NE PUIS COURIR LE RISQUE DANS UN VILLAGE COMME LE NÔTRE QUE...

MAIS IL NE VOUS TROMPE PAS !... JAMAIS IL N'A POSÉ LA MAIN SUR MOI. IL N'EST VENU ME VOIR QUE POUR SON ENQUÊTE.

IL VOUS AIME VOUS !

JE... JE... MERCI... MERCI, MAIS POURRIEZ-VOUS QUAND MÊME LUI DEMANDER DE NE PLUS VENIR VOUS VOIR, MADAME RICHER... APRÈS TOUT, IL N'EST PLUS LE SHÉRIF. IL N'Y A PLUS D'ENQUÊTE POUR LUI.

VOUS POUVEZ COMPTER SUR MOI... JE VOUS OFFRE UNE TASSE DE THÉ, ROSE ?

NON. EXCUSEZ-MOI MAIS IL FAUT QUE JE RENTRE.

MERCI, JOHANNA !

DE RIEN ! REVENEZ ME VOIR QUAND VOUS VOUDREZ.

84.

40

QUELQU'UN ARRIVE... UN ADULTE !!!

VA PRÉVENIR MONSIEUR SAUVEUR !

IL FAUT QUE JE RENCONTRE MELVILLE SAUVEUR. C'EST TRÈS IMPORTANT !

VOUS SAVEZ L'HEURE QU'IL EST ? JE DORMAIS !... QUE ME VOULEZ-VOUS ?

J'AIMERAIS SAVOIR CE QUE VOUS AVEZ FAIT CE SOIR ?.. SI VOUS AVEZ RENCONTRÉ MA FEMME, PAR EXEMPLE ?!

C'EST PAS MON GENRE DE TOURNER AUTOUR DES FEMMES DES AUTRES ! FIGUREZ-VOUS QUE J'AI UNE MORALE, MOI !!

ET PUIS, QU'EST-CE QUI VOUS PREND ? VOUS VOUS REMETTEZ DANS VOTRE PEAU D'ANCIEN SHÉRIF OU QUOI ?!

VOUS NE TROUVEZ PAS QUE CES PAUVRES GOSSES SONT SUFFISAMMENT TOURMENTÉS PAR VOTRE ENRAGÉ DE REMPLAÇANT?!!

JE N'AI RIEN DE COMMUN AVEC CE FOU FURIEUX !!!

JE CHERCHE JUSTE À L'EMPÊCHER DE RÉALISER CE QU'IL A EN TÊTE. MAIS SANS CONTOURNER LA JUSTICE !

SAVEZ-VOUS CE QUE JE PENSE ?

85.

JE PENSE QU'ON DEVRAIT FAIRE ALLIANCE, VOUS ET MOI, CONTRE CE FOU QUI VEUT RÉORGANISER NID-DE-ROCHE COMME LES AUTRES VILLES.

QUI REFUSE DE PRENDRE LE CONTEXTE EN COMPTE... TOUS CES ORPHELINS, LÀ, CES AMIS, ILS NE DEMANDENT QU'À S'INTÉGRER. QU'À AVOIR DES RAPPORTS NORMAUX, MAIS ILS NE RENCONTRENT QUE DU MÉPRIS.

JE SAIS QUE VOUS ME COMPRENEZ, ET MÊME QUE VOUS PARTAGEZ MON...

NON !!!

IL EST HORS DE QUESTION DE MÊLER CE MENTEUR À NOTRE COMBAT, MELVILLE !

MAIS...

IL MENT À SA FEMME. POURQUOI SERAIT-IL SINCÈRE AVEC NOUS ?

QUAND TU ES ARRIVÉ, MELVILLE, NOUS AVIONS CONVENU QUE TU NOUS DÉFENDRAIS, MÊME CONTRE LA LOI, À CONDITION QU'ON SE CALME. QU'ON ARRÊTE DE TERRORISER...

BEN LUI, ON N'EN VEUT PAS !

NOUS AVONS BESOIN DE LUI, FIRMIN ! C'EST UNE CHANCE QU'IL SOIT LÀ.

UNE CHANCE ?! TU PERDS L'ESPRIT! OU ALORS TU TE DÉFILES, MELVILLE...

NON, FIRMIN ! ÉCOUTE-MOI !

86.

NOUS AVONS BESOIN D'ÉMILE ! LE NOUVEAU SHÉRIF EST UN FANATIQUE QUI VEUT FAIRE VENIR L'ARMÉE POUR SE DÉBARRASSER DE VOUS.

SEUL ÉMILE, ICI, A LES CAPACITÉS DE S'OPPOSER LÉGALEMENT À BILODEAU... SANS LUI, NOUS SOMMES FOUTUS. TOUS !

NON, MELVILLE !... TU NE PARVIENDRAS PAS À NOUS CONVAINCRE ! S'IL FAUT LUTTER, MES FRÈRES ET MOI, NOUS LUTTERONS, ET...

ÇA SUFFIT, FIRMIN !

LÂCHE-NOUS !

HEY ! MAIS... MAIS...

BANDE DE LÂCHES !! ESPÈCES D'INGRATS !!

JE VOUS AVAIS DÉBARRASSÉ DE RICHER ET MAINTENANT... MAINTENANT...

ON AVAIT TOUS CONVENU QU'IL N'Y AURAIT JAMAIS D'AUTRES ADULTES DANS NOS PATTES ! JUSTE MA MÈRE ET TOI, MELVILLE !... TU VOIS, TOI AUSSI TU TRAHIS TA PAROLE !! MAIS TU VERRAS ! C'EST PAS FINI !!!

FIRMIN ! NON !!! RESTE ICI, JE T'INTERDIS...

NON !

IL EST DEVENU COMPLÈTEMENT FOU ! IL FAUT LE RETROUVER IMMÉDIATEMENT AVANT QU'IL NE CAUSE L'IRRÉPARABLE !

AH, TU VEUX T'INTERCALER ENTRE MOI ET MES FR... MES FAUX FRÈRES, MAINTENANT, ÉMILE LEMAY ?

EH BIEN MOI, JE VAIS M'INSÉRER ENTRE LA CARABINE* QUE TU AS PERDUE ET TOI, SALE ADULTE !

* VOIR TOME 1.

JE VAIS VOUS MONTRER À TOUS, MOI, COMMENT IL FAUT S'ATTAQUER AU MAL, QUAND ON EN A DANS LA CULOTTE !

ET LE MAL, DANS CE VILLAGE, IL S'APPELLE DÉSORMAIS BILODEAU !

QUAND J'AURAI ÉRADIQUÉ LE MAL, JE M'OCCUPERAI DE TOI, ÉMILE. CAR CETTE FOIS, TU NE TIRERAS PAS LES LAURIERS DE MON TRAVAIL !

FIRMIN !

FIRMIN !

FIRMIN !

88.

BON ! RESTE PLUS QU'À NOURRIR LES CHEVAUX ET ÇA TERMINERA UNE AUTRE SALE JOURNÉE DANS CE VILLAGE POURRI !

ET MAIS...

MAIS QU'EST-CE QU'IL FOUT LÀ, CELUI-LÀ ?

EH TOÏ !

QU'EST-CE QUE TU FOUS LÀ, LE MERDEUX ?!!

BLAM

FIRMIN ! FIIIRMIN !

NOUS ALLONS NOUS SÉPARER ET PARCOURIR TOUTES LES RUES DU VILLAGE. ON SE RETROUVE ICI DANS DIX MINUTES.

SI VOUS LE TROUVEZ, RESTEZ PLANQUÉS. IL A PERDU SA RAISON. JE NE VEUX PLUS DE MORTS À NID-DE-ROCHE !

89.

POUR LE COMPTE DE QUI EST-CE QUE TU M'ESPIONNES ?!

MAIS PERSONNE, M'SIEUR, J'VOUS LE JURE ! J'VOULAIS SEULEMENT VOIR VOS BEAUX CHEVAUX...

ET MOI JE TE JURE QUE TU VAS ME DIRE LA VÉRITÉ !!!

ON M'A DEMANDÉ DE REPRENDRE ÉNERGIQUEMENT CE VILLAGE EN MAINS ET, CROIS-MOI, ON NE S'EST PAS TROMPÉ DE PERSONNE EN ME CHOISISSANT.

HOUMPFF!!

PAF

MAIS JE JETAIS JUSTE UN COUP D'ŒIL SUR LES CHEVAUX, M'SIEUR ! J'ADORE LES CHEVAUX! J'AI RIEN FAIT DE MAL !

PAW

PAW

ÇA VIENT DE L'OFFICE DU SHÉRIF !!

ALLEZ VITE ! J'ESPÈRE QUE NOUS N'ARRIVERONS PAS TROP TARD !!!

FIRMIN !!

90.

46